AF191185

Bibliografische Information der Deutschen Nationalbibliothek: Die Deutsche Nationalbibliothek verzeichnet diese Publikation in der Deutschen Nationalbibliografie; detaillierte bibliografische Daten sind im Internet über dnb.dnb.de abrufbar.

© 2021 Annalena Welk
1. Auflage

Herstellung und Verlag:
BoD – Books on Demand, Norderstedt
ISBN: *9783755779742*

VORWORT

Nachdem ich mit einer Weiterbildung anfing, da ich etwas in meinem Leben verändern wollte fing ich an über mich und mein Werdegang nachzudenken. In der Weiterbildung war unter anderem ein Thema die Persönlichkeit, welches mich sehr interessiert hat. Demnach habe ich mich intensiv mit dieser Thematik befasst.

Denn nicht nur für dich selbst ist dieses Thema relevant, nein dieses Thema ist für dein berufliches Leben, dein allgemeines Umfeld und für den Umgang mit dir selber interessant.

In deinem beruflichen Leben hast du viele Kollegen, die täglich mit dir arbeiten, hier werden sicherlich negative Situationen vorkommen. Du wirst mit einer Entwicklung deiner Persönlichkeit in genau diesen Momenten richtig und gut mit diesen negativen Situationen umgehen können.

Dein Umkreis, deine Familie und deine Freunde werden dich positiver erleben und dich glücklicher sehen und auch hier gibt es höchstwahrscheinlich negative und unschöne Momente, dennoch lernst du auch hier richtig zu agieren.

Ich habe gelernt das nur ich die Person bin, die mein Leben gestaltet. Ich selber bin verantwortlich über meine Taten meine Fehler und mein Verhalten. Also fing ich an über mich und mein persönliches Wachstum nachzudenken.

In diesem Buch möchte ich dir Tipps geben, wie auch du dich selber reflektieren kannst, wie auch du dir deine Ziele setzen kannst und wie du lernst dich selbst zu lieben und zu schätzen.

Ein Prozess wie dieser, ist keiner der von heute auf morgen funktioniert, diese Veränderung dauert meist einige Monate aber glaub mir, es wird sich lohnen.

Ich hoffe ich kann dir mit meinen Erfahrungen und mit diesem Buch helfen genau dahin zu kommen. Denn ich kann sagen, ich habe mich durchaus ins positive verändert und bin glücklich!

Ich wünsche dir viel Spaß beim Lesen und wünsche dir, dass du dein Leben mit einer gewachsenen Persönlichkeit genießen kannst und jedes Ziel in deinem Leben erreichst.

INHALTSVERZEICHNIS

KAPITEL 1

HABE KEINE FALSCHEN ERWARTUNGEN

Zu allererst möchte ich dir mitgeben, dass du auf gar keinen Fall falsche Erwartungen von deinem Leben oder deiner Persönlichkeit haben darfst, denn auch wenn ich dir noch so viele Ratschläge und Möglichkeiten gebe an deinem persönlichen Wachstum zu arbeiten und dir sage du wirst dich besser fühlen kannst, wird dein Leben nicht perfekt werden.

Der wichtigste Punkt ist, dass du dich selber lieben kannst und dich selber akzeptierst.

Setze dir nicht als oberste Priorität dein Leben oder deine Persönlichkeit zu verändern und stelle dein Leben um, so dass du dich innerlich stresst. Erwarte nicht, dass alles perfekt sein wird, sondern versuche mit all' dem was ich hier aufschreibe zu akzeptieren, dass du nicht alle Ziele erreichen kannst, dass du nicht immer zu 100% selbstsicher und glücklich sein wirst.

Du lernst mit einem persönlichen Wachstum zu akzeptieren, dass das Leben nicht immer so läuft wie du es dir wünscht. Du lernst Dinge die du verändern kannst auch wirklich zu versuchen zu verändern und du kannst lernen deine Persönlichkeit weitestgehend zu verbessern im Sinne von mehr Motivation, mehr Produktivität, bessere Zielsetzung.

Eventuell findest du mehr Frieden in deinem inneren und eine bessere Entspannung. Du kannst dankbarer sein für das was du hast und du empfindest mehr Glück. Aber eine Persönlichkeitsentwicklung entfernt nicht deine Probleme.

Ich sage es dir, weil ich nicht möchte, dass du mit einer falschen Erwartung dieses Buch liest, denn unrealistische Erwartungen führen häufig dazu, dass Menschen sich noch schlechter fühlen da sie nicht durch all' das ein Millionär geworden sind oder zu 100% glücklich sind.

KAPITEL 2

WARUM PERSÖNLICHES WACHSTUM SO WICHTIG IST

Persönliches Wachstum, warum dieses wichtig für dich und dein Selbstbild ist.

Zuerst lernst du dich selber besser kennen und dadurch kannst du dein Verhalten und Selbstbild reflektieren. Rückschläge, Krisen und Probleme kannst du besser bewältigen und du wirst selbstbewusster.

Persönliches Wachstum trägt dazu bei, dass du dich wohl fühlst und mit dir selber zu Frieden bist.

Im Großen und Ganzen bedeutet es, dass du dich weiterentwickelst, neue Fähigkeiten entwickelst und du stärkst deine positiven Charakterzüge.

Ebenso ist das persönliche Wachstum wichtig um an deine Ziele zu gelangen. Zum Thema Ziele setzen und Meilensteine festlegen kommen wir zum späteren Zeitpunkt noch.

Ein Wachstum ist ein langfristiger Prozess, dieser kann Monate oder sogar Jahre andauern.

Der Anreiz zum Wachstum kann durch Veränderung im Leben kommen, beispielsweise durch einen Jobwechsel oder durch einen Stillstand im Leben, wenn du das Gefühl der Hilflosigkeit hast.

Ebenso kann der erste Impuls auch von einer Unzufriedenheit kommen, die du in dir trägst, beispielsweise fühlst du dich nicht frei, eher eingeschränkt und möchtest mehr erreichen aber stehst derzeit an einer Stelle.

Ein Prozess des Wachstums der Persönlichkeit ist nicht nur ein Teil einer Kindheit oder einer Jugendzeit, es reicht bis in das hohe Alter.

Persönliches Wachstum bedeutet, dass du deine Komfortzone verlässt, hierzu zeige ich dir ein Schaubild, welches dir den Weg vereinfacht darstellen soll auf der nächsten Seite.

In der Mitte, der kleinste der drei Kreisen ist die Komfortzone, in der befindest du dich möglicherweise derzeit noch, dies ist die Zone, in der du dich in deinen Handlungen und in deinem Lebensbereich am wohlsten fühlst.

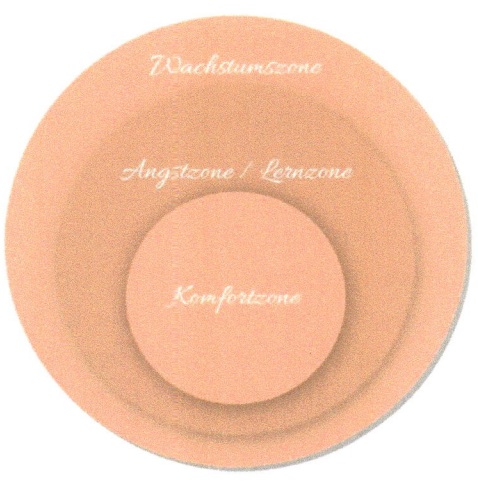

Diese Zone wird gekennzeichnet von deiner Gewohnheit und deinem gewöhnlichen Umfeld. Beispielsweise triffst du regelmäßig dieselben Personen, deine Tätigkeiten wiederholen sich und sind demnach auch Teil deiner Komfortzone. Hier sind vertraute Orte, vertraute Personen und hier finden vertraute Handlungen statt.

Dieser bequeme und sichere Bereich sorgt für eine gute Kontrolle in Situationen und gibt dir das Gefühl von Sicherheit.

Sobald eine Handlung von dir Mut, Anstrengung oder Überwindung kostet, bist du dabei die Komfortzone zu verlassen. Doch das verlassen dieser Zone kann durchaus zu Stress und Panik führen, was bedeutet, dass das Lernen auch bei einer zu großen Stress Situation zu einem Stillstand deines Lernens führen kann.

Solltest du dich deinen Ängsten allerdings gar nicht stellen, dich vor neuem verschließen und dich immer nur dort aufhalten, wo du dich am sichersten fühlst, wirst du immer in deiner Komfortzone ‚gefangen‘ bleiben.

Deine Persönlichkeit wird in diesem Fall stehen bleiben und kann sich nicht weiterentwickeln.

Dies alles zeigt dir, dass die Komfortzone sehr wichtig ist, denn du brauchst diese Zone um dich zu erholen, um deine Energie zu laden und um dich zu regenerieren.

Wenn du sie verlässt packt dich meist ein Gefühl von Angst und Stress, du hast keine eigene Kontrolle mehr über die Situation.

Das Verlassen der Komfortzone bedeutet für die einen schon fremde Menschen anzusprechen, für die anderen ist es ein Fallschirmsprung.

Anhand der Beispiele erkennen wir, dass die Komfortzone bei jedem Menschen von anderer Größe und für jedes Individuum von anderer Bedeutung ist.

Wie ich bereits eben beschrieben habe, bekommst du ein Gefühl der Unsicherheit und hast Ängste, wenn du die Komfortzone verlässt.

Dieser Druck ist aber ein Zeichen dafür, dass du auf deinem richtigen Weg bist, denn gleichzeitig ist dieses Gefühl, das Gefühl welches dich stärkt. Die neuen Herausforderungen außerhalb der Zone fordern deine Fähigkeiten. Hier bist du dann in der Angst bzw. Lernzone angekommen.

Jetzt, nachdem du deine Unsicherheit überwunden hast fängst du an, neue Fähigkeiten zu erlernen und erweiterst deine Kompetenzen, dadurch optimierst du deine Prozesse und kannst gegebenenfalls erste Erfolge sehen.

Auf diesem Weg bist du vollkommen richtig, denn nun kannst du dir deine Ziele setzen und ausbauen, du kannst deine Stärken und Kompetenzen ausbauen und deine persönliche Entwicklung kann wachsen.

Bist du in deiner neuen Aufgabe warm geworden bzw. hast dein Ziel erreicht, bist du in der Wachstumszone angekommen und kannst sehr stolz auf dich sein!

Diese Entwicklung kannst du nach deiner Zielerreichung immer wieder von vorne beginnen, denn wissen ist unbegrenzt und deine Persönlichkeit kannst du in jeglicher Breite ausbauen und entwickeln.

Halten wir fest, warum ist persönliches Wachstum wichtig?

- dein Selbstbewusstsein verbessert sich
- Du kannst mit unterschiedlichen Situationen besser umgehen
- Rückschläge, Krisen und Probleme kannst du besser bewältigen
- Du lernst dich selber besser kennen und kannst anfangen dich selber zu lieben
- Du bist offen für neue Herausforderungen

- Du entwickelst eine innere Stärke wirst entspannter und glücklicher und stehst stabiler im Leben
- Du wirst unabhängig von anderen und führst ein selbstbestimmtes Leben
- Du findest heraus welche Ziele du wie erreichen möchtest und nach welchen Prinzipien du lebst und leben möchtest

KAPITEL 3

LERNE DICH SELBST KENNEN

Erstmals musst du wissen wer du bist, was sind deine Charakterzüge, deine Talente und deine Wünsche? Welche Träume hast du und was sind deine Ziele, Stärken, Schwächen, Ängste und Hoffnungen? Wer möchtest du werden und wohin möchtest du dich entwickeln? Du musst deinen Ist-Zustand festlegen.

Dich selbst zu kennen bedeutet deine Persönlichkeit und dein Wesen zu begreifen und all deine Seiten anzuerkennen.

Lerne neue Dinge über dich selbst, Urteile über dich selbst. Wenn du einem Thema ausweichen möchtest, gibt dein Körper dir seelische Signale, wobei du möglicherweise herausfinden kannst, ob du in dieser Eigenschaft unsicher bist und ob du es schaffst das ausweichen dieses Themas zu umgehen um es zu bewältigen.

Ein gutes Beispiel ist hierfür ein Blick in den Spiegel, schaust du dort nicht gerne rein, frag dich doch einfach mal warum.
Bist du unsicher bezüglich deines Aussehens? Dieses ist eine mögliche Angst die du durchaus gut bewältigen kannst.

Ebenso kannst du dir täglich selber aufmerksame Fragen stellen wie zum Beispiel: was mache ich gerne? welche Träume habe ich für mein Leben? Welche Fehler habe ich gemacht? Wie nehmen andere mich wahr?

Wenn du dir unter anderem diese Fragen stellst, kannst du Informationen herausfinden, welche Dinge dich glücklich machen, was dich stresst und in welche Tätigkeiten du deine Zeit investieren solltest um näher an dein Ziel zu gelangen.

Um Emotionen, Motivationen und Ängste zu erkennen, kannst du ein Tagebuch schreiben, in diesem kannst du deine Gefühle, unausgesprochene Dinge und positive oder auch negative Erlebnisse festhalten um rückwirkend widerspiegeln zu können, wer du bist und welche Erfahrungen dich sicher oder unsicher machen.

Auf der Seite 20 zeige ich dir ein Beispiel, welche Dinge du täglich zur guten Reflexion notieren solltest.

Nach einiger Zeit, wenn du ein paar Wochen das Tagebuch geführt hast, kannst du nach Mustern suchen, ob du gewisse Bedürfnisse oder Wünsche hin und wieder oder sogar täglich wiederholst. Ebenso kann dir auffallen, was dir negatives durch den Kopf gegangen ist um unbewusste Ängste und Unruhen festzustellen.

Neben einem Tagebuch solltest du dein Körperbild kennen und erkennen. Versuche täglich in deinem Spiegelbild zu sehen, welche Merkmale dir über dein Aussehen auffallen. Am besten schreibst du dieses auch wieder auf, denn anschließend kannst du herausfiltern, ob dir eher negative oder positive Merkmale an dir aufgefallen sind.

Versuche die negativen Wahrnehmungen in eine positive Wahrnehmung zu verändern indem du zum Beispiel Muttermale zu Schönheitsidealen machst und fange an deinen Körper zu lieben, denn dieses bedeutet für dich ein besseres Selbstvertrauen und das überträgt sich in deine weiteren Lebensbereiche.

Um dich selbst kennenzulernen, solltest du auch die Unterstützung nutzen und Meinungen anderer erfragen, denn dies kann dir dabei helfen, Dinge über dich selbst zu verstehen.

Frage deine Eltern, deine Geschwister oder andere nahestehenden Personen aus deinem Umkreis, wie sie neutral deine Eigenschaften und deine Persönlichkeit beschreiben würden.

Nachfolgend kannst du, solang es dir möglich ist, deine Kollegen oder andere Bekannte Fragen, wie sie neutral deine Eigenschaften und deine Persönlichkeit beschreiben würden.

Nun bist du soweit, deine gesammelten Erkenntnisse über dich selber zusammenzutragen
und auszuwerten.

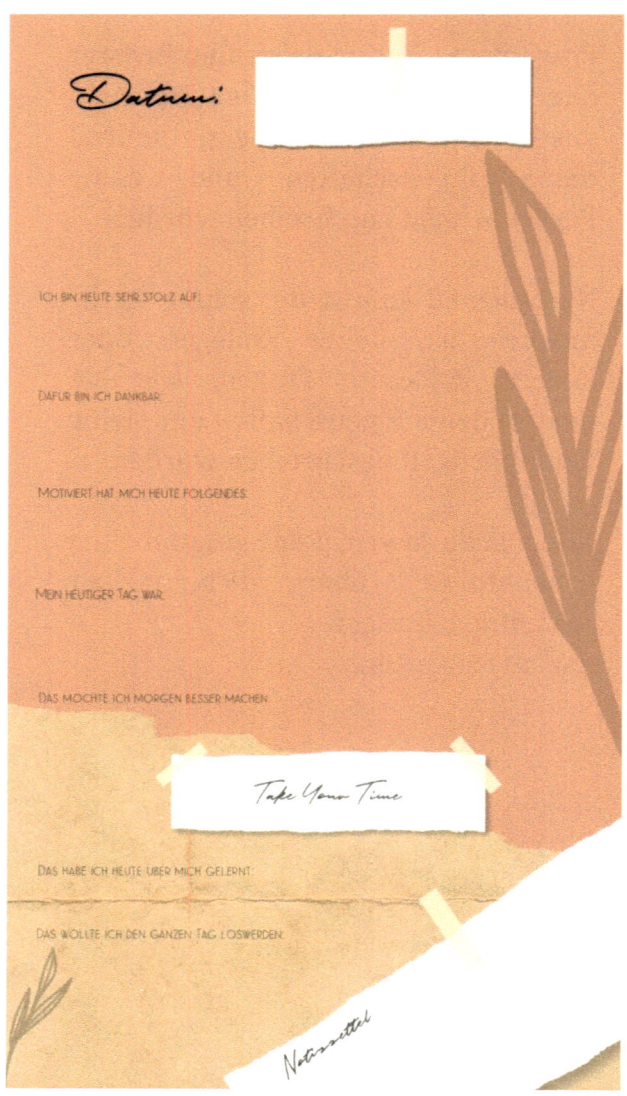

Datum:

ICH BIN HEUTE SEHR STOLZ AUF:

DAFÜR BIN ICH DANKBAR:

MOTIVIERT HAT MICH HEUTE FOLGENDES:

MEIN HEUTIGER TAG WAR:

DAS MÖCHTE ICH MORGEN BESSER MACHEN:

Take Your Time

DAS HABE ICH HEUTE ÜBER MICH GELERNT:

DAS WOLLTE ICH DEN GANZEN TAG LOSWERDEN:

Notizmittel

Stimmen deine gesammelten Eigenschaften und Werte damit überein, wer du sein möchtest?

Ja? Dann baue deine Charakterzüge aus oder baue auf deinen Charakterzügen auf.

Nein? Dann setze dir deine persönlichen Ziele:

- nutze deine Stärken um dein Glück zu erlangen. Wenn du zum Beispiel kreativ bist, nutze deine Kreativität um diese auszuleben, fang an zu zeichnen oder etwas anderes handwerkliches zu machen

- Entwerfe einen auf dich abgestimmten Plan wie und wer du sein möchtest und nutze hierfür Wissen, welches du über dich erfahren hast.

KAPITEL 4

FINDE DEINEN EIGENEN WEG

Du solltest ab sofort mutig sein um deine Zukunft selbstverantwortlich zu gestalten. Du solltest dich von nichts und niemanden auf deinem Wege beeinflussen lassen.

Es gibt verschiedene Qualitäten die du dir wöchentlich aussuchen solltest, deine ganze Aufmerksamkeit sollte auf die Umsetzung fokussiert sein.

1.   Angst
Frage dich wovor du Angst hast, schreibe diese Punkte auf, eventuell in dein Tagebuch unter den Notizen und bleibe immer neutral und ehrlich zu dir selbst. Wenn du diese Angst umwandelst und in eine Gestalt, ein Tier oder ein Objekt, kannst du dir diese innerlich besser vorstellen.

Wenn du diese Vorstellungskraft nicht besitzt, kannst du dich auch kreativ ausleben und deine Angst ggf. aufzeichnen.

Nun kannst du durchaus versuchen mit dieser Angst zu kommunizieren, versuche sie in dein Leben zu lassen, nimm sie an die Hand und zeige ihr deine persönliche Motivation, deine Meilensteine und Ziele. Zeige ihr deine Pläne und versuche Vertrauen in die Angst bzw. in deine Gestalt oder Zeichnung zu stecken.

2. Herz

Hast du dir schon einmal überlegt was dein Herz eigentlich möchte? Am besten kannst du dieses tun, wenn du tief in dich gehst und mal überlegst was du tun würdest, wenn nichts dagegensprechen würde, also ohne Wenn und Aber. Fang an zu träumen und zu phantasieren. Bei einer Persönlichkeitsentwicklung ist dies vollkommen erlaubt!

3.   Dankbarkeit

Dankbar sein ist ein wirklich wichtiger Teil deines Lebens. Versuche für eine Woche nichts zu fordern, sei durchaus dankbar. Trage am besten in dein Tagebuch täglich ein, wofür du dankbar bist, am besten schreibst du alles einzeln auf, was du alles hast und schreibst dazu auf, wofür du eigentlich dankbar bist. Dankbarkeit spendet dir und deiner Persönlichkeit unglaublich gute Energie. Vergiss niemals, für vieles was du besitzt Dankbar zu sein und denk immer daran, dass viele Menschen es möglichweise deutlich schlechter haben.

4.   Vergangenheit

Du hast wahrscheinlich die ein oder andere Last zu tragen, wie so gut wie jeder Mensch unter uns, was durchaus total legitim ist.

Allerdings ziehst du die Last täglich aus deiner Vergangenheit hinter dich her. Wie du sicherlich weißt, ist zu viel Ballast wirklich schwer und kann die deinen Weg sehr stark beeinflussen.

Dies nennt man auch einen unsichtbaren Rucksack. Jeder von uns hat einen unsichtbaren Rucksack auf. Bei einigen von uns ist dieser voll mit negativem Ballast aus der Vergangenheit.

Versuche bei deiner Schlepperei deines unsichtbaren Rucksackes, die Last bzw. deine evtl. negative Vergangenheit nicht mit deiner derzeitigen Situation zu vergleichen. Denn es ist vorbei und es ist bewusst eine Vergangenheit.

Lass Vergangenes vergangen sein!

Selbst wenn heute etwas schiefläuft, morgen hast du eine neue Chance und das jetzt ist gleich wieder vorbei und schwindet in die Vergangenheit. Wenn du diese Chance mit deiner Vergangenheit vergleichst, fängst du an negativ zu werden und die Chance in eine mögliche negative Energie umzuwandeln.

5.   Zukunft

So wichtig wie die Vergangenheit ist, so wichtig ist auch die Zukunft. Denn du solltest darauf achten, keine Sorgen zu haben was die Zukunft betrifft.

Heute weißt du nicht wie morgen wird also sei kreativ, dankbar, öffne dein Herz und gehe voller Freude in den nächsten Tag.

Das was du brauchst, um Stück für Stück anzufangen, dein eigenes Leben zu leben und dein Leben selbst in die Hand zu nehmen, ist die Zeit für dich selbst.

Es geht nicht nur darum, den eigenen Weg zu finden, sondern ihn auch zu gestalten. Hierbei solltest du dein Unbewusstes bzw. dein Unterbewusstsein mitnehmen und kreativ sein. Dein Unbewusstes wird dich gut durch den Alltag leiten.

Programmiere dein Unbewusstes also so, dass unnütze Dinge nicht mehr als Last mitgetragen werden. Du bist die

Person, die dein Unbewusstes lenken kann.

Nimm dir immer wieder in deinem Alltag ein paar Minuten oder wenn du kannst auch Stunden, in denen du alleine und nur für dich bist.

Spüre dann einmal ganz tief in dich hinein
Halte inne und stelle dir selbst folgende Fragen:

* Was ist das Gute an der jetzigen Situation?
* Welche Aufgabe habe ich gerade zu bewältigen?
* Wohin möchte ich aus tiefstem Herzen gehen?
* Habe ich eine Aufgabe in diesem Lebensabschnitt oder sogar in diesem Leben und wenn ja welche?
* Welches sollte mein nächster Schritt sein?

Und dann höre auf deine Antworten und spüre, woher die Antworten kommen. Du wirst mit der Zeit deinen ganz eigenen inneren Kompass entwickeln, sobald du dir ein etwas klareres Bild davon gemacht hast, wohin deine eigene Reise gehen soll, brauchst du dann klare konkrete, für dich erreichbare Ziele.

Diese kannst du in Meilensteinen notieren in deiner Ziel-Liste. Zu den Zielen und Meilensteinen kommen wir im nächsten Kapitel ausführlicher noch.

Nun hast du deinen Weg gefunden und kannst anfangen diesen zu gehen. Wichtig dabei ist nur, dass du dir selber auf deinem Weg vertraust, Kraft aufbringst, Hindernisse und Schwierigkeiten aus dem Weg räumst, Techniken entwickelst dein altes Verhalten abzulegen um nicht zurück zu fallen und lass dich von deiner Familie und deinen Freunden ermutigen und unterstützen.

KAPITEL 5

MEILENSTEINE

Setze dir Meilensteine mit vorläufigen Schwerpunkten.

Erwarte keine großen Schritte, setze dir für deine Zielerreichung Meilensteine die gut zu erreichen sind, damit du deine Motivation nicht verlierst.

Gib nicht auf! Falle nicht zurück, wenn du ein Meilenstein nicht erreichst, sondern werde dadurch stärker und hole dir Kraft daraus.

Meilensteine werden als Methode eingesetzt um Menschen zu motivieren und deren Ziele oder Projekte zu strukturieren.

Im Projektmanagement sind Meilensteine ein Kernbestandteil des Projektplans, hier sind es Zwischenziele die den Weg zu einem größeren Endziel vorgeben. Zwischenziele bzw. Meilensteine zu erreichen motiviert für die Weiterarbeit.

Das Erreichen der Meilensteine liefert dir die nötige Rückmeldung, dass und wie weit du bereits vorwärtsgekommen bist.

Sie sind durchaus auch als Zeitpunkte zu betrachten, denn hier kannst du nachvollziehen, ob du dein Gesetzen Meilenstein zum Gesetzen Zeitpunkt überhaupt erreicht hast, es dient also auch als Kontrolle für dich.

Du kannst somit jederzeit kontrollieren, ob du dein langfristiges Ziel immer noch zum gesetzten Zeitpunkt erreichen kannst.

Der gemeinsame Nenner erfolgreicher Menschen besteht darin, dass sie sich in ihrem Leben Ziele und Meilensteine setzen. Damit allein ist es nicht getan, denn man muss auch etwas dafür tun, um diese zu erreichen. Und erfolgreiche Menschen tun etwas für ihre Ziele, genauso wie du!

Viele Menschen tun sich schwer mit Zielen. Sie setzen sich zwar solche, bleiben dann aber nicht dran. Das kann durchaus verschiedene Gründe haben. Um nur einige für dich als Beispiel zu nennen: die Motivation lässt nach, das Ziel erscheint für einen unerreichbar oder unerwartete Hindernisse stellen sich in den Weg.

Und um genau dieses Gefühl zu minimieren, setzen wir uns die besagten Meilensteine. Eine hierfür vorgesehene Vorlage findest du auf der nächsten Seite. Hier kannst du deine Ziele notieren, deine Meilensteine und Belohnungen festhalten.

So hangelst du dich dann von Meilenstein zu Meilenstein zu deinem großen Ziel. Wichtig ist, dass du dir diese Belohnungen auch wirklich gönnst, wenn du den jeweiligen Meilenstein erreicht hast.

Dieser Trick mit den Belohnungen für jeden Meilenstein hat mir insbesondere bei Zielen geholfen, für die ich mich nicht voll und ganz motivieren konnte. Das war beispielsweise bei der ein oder anderen Prüfung der Fall.

Auch das so weit entfernte Ziel hat damit seine abschreckende Wirkung verloren. Die Meilensteine und die entsprechenden Belohnungen waren in meinem Hinterkopf ständig präsent und ich habe mich freuen können auf den Weg dahin.

Wenn ich dann auf meine Meilensteine-Liste sah, haben mir die zu erwartenden Belohnungen einen Motivationsschub gegeben. Was genau Motivation bedeutet und woher diese kommt, erkläre ich dir im nächsten Kapitel.

Wichtig für dich ist noch: die Belohnungen sollten etwas Besonderes sein, etwas nicht Alltägliches, etwas, worüber du dich wirklich freust. Die Belohnungen erhöhen zusätzlich noch den Geschmack des Erfolges.

Bei Zielen ist ebenso ein wichtiger Aspekt, diese realistisch zu sehen und realistisch zu setzen.

Setze dein Ziel also nicht so, dass du sagst: nächsten Monat möchte ich meine Persönlichkeit weiterentwickelt haben.

Ziele sollten, vor allem wenn sie langfristig sind SMART formuliert werden.

S - spezifisch
M - Messbar
A - attraktiv
R - realistisch
T - terminiert

Mein
Ziel:

Meilensteine

Belohnungen

Belohnung

Spezifisch bedeutet, dass du deine Ziele nicht verallgemeinern solltest, sondern so konkret wie möglich formulierst. Im besten Fall sollte dein Ziel in einem Satz zusammengefasst werden.

Messbar sind, wie ich dir bei den Meilensteinen beschrieben habe Schritte, die du kontrollieren kannst, denn im Nachhinein solltest du feststellen können, ob du dein Ziel erreicht hast, dies kannst du nur, wenn dieses auch messbar formuliert wurde.

Attraktiv ist die Belohnung die dahinter steckt, wenn das Ziel attraktiv genug ist, übersteht es auch einige Misserfolge. Die Belohnung muss also so attraktiv sein, dass du gar nicht aufgeben kannst.

Realistisch, sei nicht zu zielstrebig, denn dieses wird dich blockieren, du solltest dir deine Ziele so setzen, dass sie herausfordernd sind aber dennoch machbar bleiben.

Terminiert bedeutet, dass du dir für jedes deiner Ziele eine Deadline setzen solltest, dieses ist dein Kontrollpunkt. Sei aber auch bei den Terminen realistisch.

KAPITEL 6

MOTIVATION

Ich sage dir, schreibe dir Belohnungen auf für deine Ziele, um dich zu motivieren und spreche sehr viel über Motivation aber was ist eigentlich Motivation und wo kommt diese her? Das werde ich dir jetzt erklären.

Motivation ist die Summe aller bewussten und unbewussten Antriebskräfte für alles, was du anstrebst.

Diese Antriebskraft stammt aus deinem inneren, auch genannt intrinsischen und aus deinem äußeren, auch genannt extrinsischen Quellen.

Damit diese Antriebskräfte in realistische Ziele und schließlich in Erfolgserlebnisse umgesetzt werden, muss zur Motivation noch Willenskraft hinzukommen. Deine Willenskraft sind zum Beispiel deine Ziele die du dir gesetzt hast.

Intrinsische und extrinsische Motivation: Was treibt dich an? Was bedeutet das?

Es gibt zwei unterschiedliche Arten von Motivation.
Motivation entsteht entweder in dir selbst intrinsisch oder sie wird von außen also äußerlichen Faktoren angeregt extrinsisch:

Intrinsische Motivation:
Du handelst aufgrund deines eigenen Willens. Du möchtest etwas erreichen oder vermeiden, von dem du überzeugt bist. Oder du möchtest in einer bestimmten Sache besser werden.

Als Beispiel: Du machst eine Fortbildung, weil du gerne mehr zu einem bestimmten Thema wissen möchtest und dich dafür interessierst.

Extrinsische Motivation:
Hier wirst du von äußeren Einflüssen dazu motiviert, etwas zu tun. Das kann z. B. Geld verdienen oder eine Beförderung sein.

Als Beispiel: Du machst eine Fortbildung, damit du im nächsten Jahresgespräch ein weiteres Argument für eine Gehaltserhöhung hast – damit hast du vor allem extrinsische Anreize.

Warum ist Motivation also wichtig für dich?
Motivation hilft dir, auf deine Ziele die du dir als Meilensteine festgesetzt hast zuzugehen und dich für genau diese einzusetzen.
Wenn du also wirklich motiviert bist, wirst du deine Ziele leichter erreichen.

Motivation ist allerdings nichts was dir mit in die Wiege gelegt wurde, einige Menschen besitzen viel intrinsische Motivation von Geburt an, andere allerdings nicht. Diese kann man aber erlernen, hast du diese einmal erlernt, willst du diese auch nicht mehr vermissen, ich verspreche es dir.

Motivation ist ein bestimmender Faktor, der aus einem für dich guten Gedanken sofortiges Handeln macht. Sie macht aus einer guten Idee ein Geschäft und kann sich positiv auf die Welt um dich herum auswirken.

Ein gutes Beispiel ist Steve Jobs, denn wäre er damals nicht motiviert gewesen gäbe es jetzt kein Mac Book und kein iPhone oder iPad.

Ohne Motivation wird man nicht weit kommen. Man wird früher oder später seine Träume und Ziele aufgeben müssen, genau das möchten wir vermeiden.

Motivation treibt dich an, etwas Besonderes zu machen. Umso mehr Motivation du besitzt, umso eher kannst du auch dein Ziel erreichen.

Es gibt genug Leute, die ihre Visionen durch ihre Motivation umgesetzt haben und dadurch können wir als Verbraucher von Produkten und Dienstleistungen sprechen, die Probleme lösen und unseren Alltag erleichtern.

Ich habe hier noch einige Punkte für dich, warum Motivation in deinem Leben so wichtig ist:

Du möchtest dein Leben verändern, weil du motiviert bist. Die Motivation bringt dich näher an dein Ziel, aufgrund des Wunsches nach Veränderungen.

Du hast deine Ziele und Meilensteine bereits notiert und nun hilft dir die Motivation dabei, deine Taten und deine Persönlichkeit zu priorisieren, um näher an die Ziele zu kommen denn sie verpflichtet dich, dich zu konzentrieren um dein Ziel zu erreichen.

Rückschläge wird jeder Mensch haben, wenn er auf dem Weg zum Erfolg ist, Rückschläge zählen der Vergangenheit an, dieses Thema hatten wir bereits, denn die Vergangenheit war gestern und die Motivation soll dir dabei helfen, die Zweifel hinter dir zu lassen und gibt dir Kraft sowie Mut an morgen also an die Zukunft zu denken.
Du wirst dazu angeregt es immer wieder aufs Neue zu probieren.

Halten wir fest warum Motivation wichtig ist:

- Motivation hilft dir produktiv zu sein
- Kompetenzen können durch deine Motivationen entwickelt werden
- Du kannst dir einfacher Ziele sowie Meilensteine setzen und diese erreichen

- Motivation hilft dir bei Rückschlägen und sie hilft dir dabei nicht aufzugeben
- Durch die Motivation steigt deine Kreativität und du kannst Pläne schmieden und Talente entwickeln

KAPITEL 7

PROBIERE NEUE DINGE AUS

Als erstes solltest du deinen eigenen Weg finden indem du experimentierst und neue Dinge ausprobierst. Sei aufgeschlossen neuen Dingen und Menschen gegenüber.

Oft tun Menschen etwas nicht, weil sie unsicher sind. Sie wissen nicht, wie sie auf fremde Menschen zugehen sollen und ein Gespräch starten können – also probieren sie es erst gar nicht erst.

Meistens probieren Menschen einmal etwas Neues aus z. B. eine Fremdsprache lernen, einen Tanzkurs besuchen oder das Yoga am Morgen. Sie hören allerdings sofort wieder auf, weil sie merken, dass sie darin nicht gut sind.

Sie bewerben sich nicht für ihrem Traumjob, weil sie die benötigten Fähigkeiten nicht besitzen.

Hast auch du etwas schon mal nicht gemacht, weil du darin nicht gut bist?

Dann mach dir bewusst, dass du so gut wie alles lernen kannst. Wenn jemand etwas besser als du beherrscht oder darin selbstbewusster ist, dann wahrscheinlich nur, weil er es schon sehr oft gemacht hat oder weil er alltäglich übt.

Nehmen wir als Beispiel mal an, du möchtest Gitarre spielen lernen. Selbst wenn du vollkommen unmusikalisch bist und kein Talent dafür hast, wirst du dich enorm verbessern, wenn du jeden Tag eine Stunde übst.

Vermutlich wirst du auch nach ein paar Jahren nicht der neue Charts Eroberer werden, aber du wirst sehr gut spielen können. Mit genug Übung, kannst du so gut wie alles lernen.

Du willst offener und selbstbewusster werden? Dann sprich jeden Tag 3 fremde Menschen an und versuche Smalltalk mit ihnen zu führen. Egal ob in der Bahn, beim Einkaufen oder bei deinem Hobby.

Du willst ein Buch schreiben? Dann schreib jeden Tag für eine Stunde dafür.
Du möchtest innerlich ruhiger werden? Meditiere täglich für 15 Minuten.
Du möchtest richtig gut kochen lernen? Dann koche jeden Tag und experimentiere mit neuen Zutaten und Rezepten.

Lass dich nicht von etwas Neuem abhalten, nur weil du es nicht kannst. Mit genug Zeit und Übung kannst du es lernen.

Die beste Methode zum persönlichen Wachstum besteht immer noch darin, etwas Neues auszuprobieren. Häufig lernst du dann nicht nur eine Fähigkeit, sondern triffst auch viele neue Menschen. Sie kennen dich nicht von früher, weshalb du hier gute Chancen hast, von ihnen in deiner Persönlichkeitsentwicklung akzeptiert zu werden.

Das alles eignet sich zum Ausprobieren:
- Sport
- neues Hobby
- Ehrenamt
- neue Projekte im Job

Kleine Schritte sind übrigens stets besser als große (wie die Meilensteine bei deinen Zielen).

Lass dir Zeit bei dem, was du tust. Allzu viel auf einmal lässt sich sowieso nicht erreichen, denn es soll ja auch ein langfristiger Lerneffekt einsetzen.

KAPITEL 8

ÜBERNEHME VERANTWORTUNG

Doch mit das wichtigste, übernehme Verantwortung für dein Leben, sei eigenständig und von niemanden abhängig. Du kannst für dich selbst nur Verantwortung übernehmen, wenn du unabhängig bist. Stehe zu deinen Taten, Fehlern und lerne aus diesen.

Deine Glaubenssätze, Gewohnheiten und deine Person sind die Mittelpunkte des persönlichen Wachstums, denn diese Prozesse werden gestärkt und optimiert.

Wenn du nicht die Kindheit hattest die du dir gewünscht hättest, es schwer in der Schule hattest, weil du nicht der Liebling warst und du nicht die Chance wie andere Kinder hattest, dann sei nicht überrascht, wenn ich dir sage, dass es vielen Menschen ähnlich erging bzw. geht wie dir.

Viele Menschen davon haben so vieles im Leben geschafft und erreicht und haben ihre Persönlichkeit zur Höchstform entwickelt. Dies haben sie nur geschafft, weil sie ihre Verantwortung für ihr Leben und für ihren persönlichen Wachstum übernommen haben.

Thema Verantwortung, was bedeutet das eigentlich? Verantwortung heißt, für all deine Gedanken und Handlungen gerade zu stehen.

Denn deine Handlungen können unter anderem Konsequenzen mit sich bringen. Manchmal sind diese Konsequenzen für dich total in Ordnung oder sogar angenehm, so wie du es dir erhofft und vorgestellt hast. Manchmal sind diese aber auch sehr unschön oder doch nicht so wie du es dir vorgestellt hast.

Du hast für dieses unschöne Gefühl, welches du aus Situationen heraus empfindest Möglichkeiten wie:

Akzeptanz: du nimmst diese Situation so hin wie sie ist und belässt es dabei, Entgehen: du entgehst der Situation, sofern dies für dich möglich ist, Änderung: du änderst etwas an der Situation.

In den meisten Fällen entgehst du der Situation oder?

Nun überlege mal, wie oft dir deine Gedanken oder Handlungen schon ein unschönes Gefühl verpasst haben und wie wichtig es eigentlich ist, Verantwortung dafür zu übernehmen.

Die ersten Schritte die du gehen solltest um Verantwortung zu übernehmen und diese zu ändern sollten folgende sein:

Stelle dir Fragen, wie zum Beispiel:

- was ist in der letzten Woche in deinem Leben passiert?
- was von diesen Dingen war Positiv und welche waren negativ?
- Wie hattest du dir die Dinge vorgestellt?
- Was hättest du anders machen können damit die Dinge so gelaufen wären wie du es die vorgestellt hast?
- Wie machst du es also in der Zukunft?

Hier geht es darum, die Fehler bei dir selbst zu finden und die Dinge herauszufiltern, die durch dich selbst verändert werden können und nicht darum, die negativen Konsequenzen den Umständen zuzuschreiben oder anderen Personen. Also leide nicht still und heimlich, sondern gestalte aktiv dein Leben um.

Kommen wir zum Thema Selbstmitleid Hast du das Gefühl, dass du mehr Probleme hast als andere? Oder dass du gerne darüber sprichst, welche Probleme du hast? Des anderen

Menschen es besser haben als du? Oder dass keiner dich versteht? Das andere dafür verantwortlich sind wie es dir geht?

Falls einer dieser Punkte auf dich zutrifft, versinkst du offenbar in Selbstmitleid und wenn du in Selbstmitleid versinkst, gibst du Verantwortung ab.

Statt etwas zu unternehmen und deine Probleme in die eigene Hand zu nehmen, rechtfertigst du vor dir selbst, warum du gerade nichts tun kannst und dir die Hände gebunden sind.

Deshalb gibt es eine wichtige Regel:
Du bist für alles verantwortlich.
Vielleicht trifft es nicht auf die Umstände zu aber auf deine Reaktion darauf.

Du entscheidest, wie du auf die Umstände reagierst.

Ganz egal, wie schlecht deine momentane Lage is: Du kannst selber entscheiden, wie du darauf reagierst.

Du kannst entscheiden, ob du dich in die Opferrolle begibst und in Selbstmitleid versinkst oder du entscheidest dich dazu, Verantwortung zu übernehmen, deine Probleme anzugehen und das Beste daraus zu machen.

Und falls du wirklich im Leben vorankommen möchtest und deine persönliche Entwicklung positiv verändern möchtest, musst du ab jetzt für alles in deinem Leben Verantwortung übernehmen.

Statt dich also darüber zu beschweren, dass du so viele Probleme hast und es dir so schlecht geht, frage dich, was du tun kannst. Verändere also deine Gedanken und deine daraus resultierenden Handlungen.

KAPITEL 9

LASS VERÄNDERUNGEN ZU

Nicht immer sind Veränderungen im Leben angenehm. Die Menschen jedoch, die sich mit Veränderung und der eigenen persönlichen Entwicklung auseinandersetzen und daraus lernen, werden im Leben weitergehen und das Leben für sich selbst stimmig prägen. So wie du und daraus entstehen im Ergebnis dann Glück und Zufriedenheit.

Ich schreibe die ganze Zeit davon, dass du so vieles tun solltest, wie zum Beispiel Tagebuch schreiben, dich im Spiegel betrachten, mit deiner Angst zu reden oder dir selber andauernd Fragen zu stellen.

Dies alles sind alltägliche Veränderungen, die du im optimalsten Fall treffen musst, um über dich hinaus zu wachsen. Diese Veränderungen musst du zulassen, um dein Ziel zu erreichen aber sind das die einzigen?

Nein, denn es wäre viel zu einfach nur diese vielen kleinen Schritte zu verändern und somit dein Ziel zu erreichen.

Mit Veränderung meine ich dein Ausbrechen aus deiner Routine. Was kannst du also tun um aus deiner Routine auszubrechen?

Lege deine schlechten Gewohnheiten ab, wenn du nicht weißt, welches deine schlechten Gewohnheiten sind, schicke ich dich wieder zum Kapitel 3 und zu deinem Tagebuch, denn hier solltest du dich selbst kennenlernen.

Wenn du eine Gewohnheit abgelegt hast kannst du dich nun gerne belohnen, denke an die Meilensteine!

Du musst nicht unbedingt deine Gewohnheiten ablegen, du kannst deine schlechten Gewohnheiten auch verändern in bessere, hier kannst du zum Beispiel anstatt ein Stück Schokolade zu essen ein Glas Wasser trinken und dich selbst versuchen aus deiner Routine zur Schokolade zu greifen auszubrechen und sie zu verändern.

Dein Leben wird sich natürlich nicht sofort komplett verändern, es wird in kleinen Schritten voran gehen, dabei sind einzelne Rückschläge in alte Verhaltensmuster auch total normal und gehören dazu.

Wichtig ist nur, dass du bereit bist, diese Veränderungen in deinem Leben und auf deinem Weg zuzulassen.

Denn wenn du die Veränderungen vorantreibst, kannst du an jeder noch so kleinen Veränderung wachsen.

KAPITEL 10

PERSPEKTIVENWECHSEL

Erst verstehen dann verstanden werden! Du möchtest verstanden werden? Dann musst du erstmal andere verstehen können. Doch wie? Empathie ist hier das richtige Wort.

Einige Menschen haben von Natur aus eine hohen Empathie, andere hingegen müssen sie erlangen.

Empathie bedeutet, zu verstehen, warum unser Gesprächspartner gerade so handelt, wie er gerade handelt. Wir können ihn also verstehen.

Um deine Empathie zu steigern, solltest du zunächst anfangen deine Perspektiven beiseite zu legen und durch die Augen der anderen

Menschen zu schauen, fange an zu beobachten.

Was ich damit meine? Beobachte das nonverbale Verhalten deines Gesprächspartners. Menschen sagen etwas, jedoch zeigt ihre nonverbale Aussprache etwas völlig anderes. Analysiere die Gesten und Bewegungen, diese geben ihre Gefühle und Emotionen wieder.

Ebenso solltest du deinem Gesprächspartner gut zuhören, spreche weniger und höre mehr zu. Dank des Zuhörens und der Beobachtung kannst du es schaffen, dich in die Person mit der du es zutun hast zu versetzen und sie zu verstehen.

Zu guter letzt, folgt das Verständnis um mehr Empathie zu gelangen. Durch das zuhören und das beobachten, kannst du verstehen, was mit der anderen Person passiert.

Möglicherweise teilst du die
Einstellung nicht, dies ist jedoch kein
Grund zu urteilen, sondern eher
Verständnis dafür zu entwickeln.

Öffne dein Verstand und respektiere
die Einstellung deines Gegenübers,
ohne sie teilen zu müssen. Anders
wirst du deine Empathie nicht
ausbauen können, wenn du keine
fremden Reaktionen oder
Einstellungen respektierst oder
verstehst.

 Du solltest nicht über etwas urteilen,
wenn du nicht weißt, ob du morgen
eventuell ähnlich reagierst.

Folgende Punkte können dich ebenfalls
dabei unterstützen, deinen
Gesprächspartner zu verstehen:

   - zeige Interesse während des
   Gesprächs
   - Zeige deinem Gesprächspartner
   nicht direkt, wenn du nicht
   derselben Meinung bist

- Frage nach und hole dir Informationen
- Vermittle deinem Gesprächspartner, dass du ihn verstehst

Manchmal könnte es dir deutlich schwerfallen, Empathie zu zeigen, wenn du gerade ganz anderer Meinung bist und deine Gefühle wie z. B. Schmerz oder Enttäuschung in Erscheinungen treten.

Versuche in diesen Situationen die Empathie nicht in den Hintergrund zu drängen!

Nach einiger Zeit wirst du merken, dass du deine Gesprächspartner besser verstehst.
Durch das Verständnis wirst du offener für Themen und kannst die Reaktionen deines Gegenübers möglicherweise besser verstehen.

Dies wird dazu führen, dass auch du besser verstanden wirst.

KAPITEL 11

JOHARI FENSTER

Ich möchte dir in diesem Kapitel das Modell der Wahrnehmung einer Person erklären. Dies nennt man auch Johari Fenster. Entwickelt wurde es 1955 von den amerikanischen Sozialpsychologen Joseph Luft und Harry Ingham

Das Johari-Fenster ist ein Kommunikationsmodell, das die Unterschiede zwischen Selbst- und Fremdwahrnehmung grafisch darstellt. Es ist aufgeteilt in 4 Bereiche:

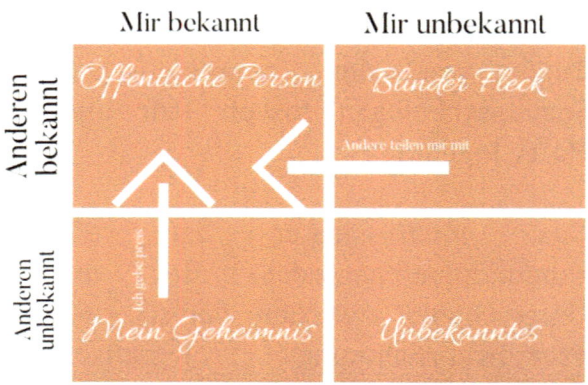

1. Die öffentliche Person (mir und anderen bekannt)

Sind alle Informationen die sowohl dir als auch anderen Personen bekannt sind. Ein Teil deiner Persönlichkeit der nach außen sichtbar gemacht wird und von anderen wahrgenommen wird. Es wird davon ausgegangen, dass du in deinem Handeln frei bist.

Beispiel:
Ich weiß, dass ich sehr ungeduldig bin. Meine Freunde und Kollegen wissen das ebenso.

2. Mein Geheimnis

Informationen in diesem Bereich sind dir selbst bekannt allerdings anderen Personen nicht. Möglicherweise weil du diese Informationen nicht teilen möchtest oder sie dir zu privat oder unangenehm sind.

Dies muss allerdings nicht der Fall sein, es kann durchaus möglich sein, dass du diese Informationen einfach ohne Grund noch Niemanden erzählt hast.

Beispiel:
Ich bin sehr aufgeregt vor Vorträgen, möchte das aber den Kollegen nicht mitteilen, da es mir unangenehm ist.

3. Der blinde Fleck

Andere Personen haben Informationen über dich, die dir aber gar nicht bekannt oder bewusst sind.

Wären dir diese Informationen bekannt, könntest du an dir arbeiten, wenn es sich um negative Informationen bzw. Eigenschaften handelt oder du könntest dich durchaus freuen, weil dir diese Dinge noch gar nicht bewusst waren. Du kannst sehr gut auf diesen Informationen aufbauen. Informationen aus dem „blinden Fleck" werden oft nonverbal geäußert.

Habe ich zum Beispiel ein Vorurteil gegen einen bestimmten Mitarbeiter, so strahle ich das aus, ohne dass ich es ihm gegenüber verbal mitteile.

Beispiel:
Wenn ich einen Vortrag halte, sage ich ständig nervös ‚ehm‘, ohne es zu merken.

Wenn meine Kollegen mich also darauf hinweisen, kann ich daran arbeiten um diese Eigenschaft an mir zu verbessern.

4. Der unbekannte Bereich

Informationen in diesem Bereich sind weder dir selbst noch anderen Personen bekannt. Das können unbewusste Erinnerungen oder schlummernde Talente sein, die bisher noch nicht entdeckt wurden.

Beispiel:

Ich habe ein erstaunliches Talent für Kunst und Malerei, weiß davon aber gar nichts.

Das Johari-Fenster hilft dabei, eine Idee von Ingham und Luft darzustellen:

Das Zusammenleben bzw. die Zusammenarbeit von mehreren Personen funktioniert umso besser, je mehr sie über einander wissen.
Um das zu erreichen, muss im Johari-Fenster der öffentliche Bereich links oben vergrößert werden. Wie geht das? Indem zwei Instrumente eingesetzt werden: das Feedback und die Selbstoffenbarung.

1. Feedback

Du kannst andere Personen um ein Feedback bitten und somit erhältst du Informationen, die dir vorher nicht bewusst waren. Dein unbekanntes wird hierdurch immer kleiner, denn umso mehr unbekannte Informationen du erhältst, umso mehr erfährst du selbst über dich. Du kannst gute Seiten entdecken oder auch schlechte Dinge an denen du arbeiten kannst.

2. Selbstoffenbarung

Du kannst anderen Personen Dinge mitteilen, die bisher nur dir bekannt waren. Somit schrumpft dein geheimer Bereich. Deine Kollegen und Mitmenschen wissen mehr von dir und können entsprechend reagieren oder auch Rücksicht nehmen. Du hast hier eine win-win Situation, denn du musst weder Energie aufwenden etwa geheim zu halten oder Angst haben das Informationen über dich entdeckt werden.

Vorteile des Johari-Fensters:

• Unbewusste Verhaltensweisen von dir werden in dein Bewusstsein geholt.

• An Schwächen kannst du gezielt arbeiten.

• Durch die bewusste Herausgabe von Informationen kann deine innere Anspannung vermieden werden, die entsteht, wenn du Informationen für dich behältst.

Warum ich das Johari Fenster hier für wichtig empfinde?

Wenn du dich in andere Perspektiven versetzt, z.B. die von deinen Kollegen, kannst du mit dem Wissen des Johari Fensters möglicherweise noch mehr über dich selbst herausfinden (siehe die Vorteile).

Frage doch mal deine Eltern oder Freunde, welche Dinge sie über dich kennen, du aber möglicherweise nicht kennst.

Vielleicht findest du Kompetenzen heraus, von denen du nicht wusstest, diese kannst du ausbauen und auch verstärkt auf diese achten.

Hast du eventuell sogar stärken, auf die dich noch keiner aufmerksam gemacht hat? Du kennst diese aber? Zeig sie ab sofort und werde durch diese stärken selbstbewusster, denn diese machen dich und dein Wachstum aus.

KAPITEL 12

HAB KEINE ANGST VOR FEHLERN

Deine Angst vor Fehlern, darf dein Leben nicht beeinflussen!
Schluss mit den schlaflosen Nächten, Blackouts oder den Schweißausbrüchen.

Höre auf andere Menschen zu bewundern, die sich verwirklicht haben und den Mut hatten, ihre Träume wahr werden zu lassen.

Fehler zu machen und an Aufgaben zu scheitern gehört im Leben dazu meistens entsteht die Angst durch einen Druck der von der Gesellschaft aus kommt.

Viele erfolgreiche Menschen zeichnen sich dadurch aus, viele Fehler gemacht zu haben und die richtigen Schlüsse aus ihnen gezogen zu haben. Sie sind durch ihre Fehler gewachsen und haben sich nicht davon unterkriegen lassen. Ebenfalls haben sie sich nicht dem Druck aussetzen lassen.

Mit folgenden Tipps zeige ich dir, wie du einer von diesen Menschen wirst, die du vorher noch bewundert hast.

Chancen und Risiken abwägen: schreibe dir vor einer Stresssituation auf, welche Chancen du hast und welchen Risiken du hast, was passieren könnte im Wort-Case Fall, wenn du einen Fehler machst oder scheitern solltest.

Ein Beispiel: vor meiner Prüfung hatte ich so große Angst, bis ich mir notiert habe was mein Risiko und was meine Chance ist.

Das schlimmste was hätte passieren können, dass ich hätte wiederholen müssen, jedoch sogar noch genau gewusst hätte wo meine Schwächen liegen. Die Chance war ein großer Schritt in meiner beruflichen Laufbahn.

Werde dir deinen Stärken bewusst: Bringe deine Stärken bewusst ein und überlege dir, wie du diese am besten mit einbringen kannst. Versuche also, durch deine Stärken deine Schwächen zu kompensieren.

Stehe zu deinen Fehlern: gehe mit deinen Fehlern, die du nicht verändern kannst offen um, so kannst du Kritikern den Wind aus den Segeln nehmen. Wenn du versucht deine Fehler zu vertuschen, kannst du dich angreifbar machen und damit würde deine Angst vor weiteren Fehlern steigen.

Führe dir immer wieder vor Augen, dass es eine Sache gibt, die schlimmer ist als zu scheitern: es nie versucht zu haben!

KAPITEL 13

KRITIK

Kritik ist einer der wesentlichen Punkte um im Leben voran zu kommen, sie ist nicht immer nur negativ, sondern kann durchaus auch positiv sein.

Konstruktive Kritik sollte also nicht nur aufzeigen, was schlecht ist, sondern auch gute Aspekte hervorheben um die Motivation nicht negativ zu beeinflussen. Ebenso sollte eine konstruktive Kritik sowohl höflich als auch respektvoll erfolgen.

Also wenn du jemanden kritisieren möchtest, sprich einzelne Kritikpunkte an und verallgemeinere nicht den ganzen Sachverhalt. Begründe mit Tatsachen deine Kritik um verstanden zu werden und nutze nicht die Worte immer oder nie.

Versuche folgende Beispiele immer wieder aufzurufen, wenn du Kritik äußern möchtest:

,Mir ist aufgefallen, dass du ... alternativ könntest du ...'

,Diesen Aspekt würde ich anders angehen. Sie können mich aber gerne eines Besseren belehren. Ich würde jedoch vorschlagen, dass ...'

Genauso schwer wie Kritik zu geben, ist Kritik anzunehmen, denn niemand bekommt gerne seine Fehler vor Augen geführt. Für das persönliche Wachstum allerdings ist Kritik von hoher Bedeutung.

Durch Kritik kannst du dir deine Fehler zu Herzen nehmen und etwas ändern.

Bei der Kritik gilt dasselbe wie bei dem Perspektiven Wechsel:
Höre zu: Lass deinen gegenüber ausreden, höre dir an, ob all seine Argumente gerechtfertigt sind und

seine Kritik somit gerechtfertigt ist, um auf die Kritik reagieren zu können. Finde vor deiner angemessenen Reaktion eine angemessene Entscheidung.

Frage nach: gibt es Unklarheiten bei dem was dein gegenüber gesagt hat, dann frage nach. Im besten Fall wiederholst du das gesagte, um sicherzugehen, dass du alles richtig verstanden hast.

Kritik reflektieren: Kritik solltest du in jedem Fall immer reflektieren. Du solltest noch einmal genau über das Gesagte nachdenken und für dich entscheiden, mit welchen Aspekten der Kritiker recht hat und mit welchen nicht.

Du kannst den Kritiker auch zu einem späteren Zeitpunkt noch um ein Gespräch bitten und ihm Fragen stellen, die dir erst im Nachhinein durch den Kopf gegangen sind.

Rechtfertigungen: Wenn dich jemand kritisiert, fühlst du vielleicht den Drang, dich rechtfertigen zu wollen.

Natürlich solltest du dein Verhalten begründen, allerdings ist zwischen Rechtfertigung und Begründung ein Unterschied.

Bei einer Rechtfertigung hört der gegenüber nämlich oft ein schlechtes Gewissen. So willst du dich automatisch mit deinen Erklärungen für deine Fehler entschuldigen.

Dies ist meist nicht nötig, da Fehler völlig normal sind und jedem passieren.

Allerdings können deine Rechtfertigungen auch Ausdruck von Trotz oder Empörung sein, wenn du impulsiv ohne nachzudenken reagierst. In diesen Fällen kann es durchaus vorkommen, dass du dich nicht professionell verhältst.

Begründungen sind dagegen sachlich. Gefühle spielen dabei kaum eine Rolle, da du deine Fehler begründen kannst.

Bei einer Begründung schilderst du deine Vorgehensweise, ohne das Gefühl dich verteidigen zu müssen. So kannst du die nötige Distanz einnehmen und siehst Kritik nicht als einen Angriff auf deine Persönlichkeit.

Fehler auf andere schieben: Keinesfalls solltest du deine eigenen Fehler auf andere schieben, so entziehst du dich deiner Verantwortung und machst dich unbeliebt.

Denn deine Schuldzuweisung kommt früher oder später ans Licht, so dass du dich nicht nur für deinen Fehler, sondern auch für deine Lüge verantworten musst. Außerdem sorgst du dafür, dass jemand anderes für ein Fehler kritisiert wird, den er gar nicht gemacht hat.

Deine fehlende Kritikfähigkeit veranlasst also, dass jemand anderes ungerechtfertigt Kritik einstecken muss. Du würdest das für dich auch nicht wollen.

Verärgert reagieren: Kontraproduktiv ist ebenfalls verärgert zu reagieren oder gar zurückzuschlagen. Ein Streit oder eine lautstarke Diskussion können einen Konflikt begünstigen und ein ernsthaftes Problem erzeugen. So verbaust du dir nicht nur die Möglichkeit, dich durch Kritik zu verbessern, sondern handelst auch unprofessionell.

Zwar kann es durchaus vorkommen, dass dein Gegenüber seine Kritik wenig konstruktiv äußert. Davon solltest du dich aber keinesfalls leiten lassen, sondern darüberstehen und besser reagieren, als der Kritiker es möglicherweise tut.

Kritik ignorieren: Ebenfalls wenig produktiv ist die Kritik zu ignorieren. Auf diese Weise kannst du nicht vorankommen und dich nicht verbessern.
Auch wenn es vielleicht zuerst schwerfällt, die eigenen Fehler vorgehalten zu bekommen, solltest du

dir die Kritik jedoch zu Herzen nehmen und an dir arbeiten.

Allerdings solltest du der Kritik auch nicht ohne Weiteres zustimmen. Reflektiere zuerst, ob du sie angemessen findest oder nicht und überlege dann, wie du reagieren solltest.

Als Jasager wird man dich nicht wirklich ernst nehmen und dich mitunter sogar für schwach halten. Es lohnt sich also die Komfortzone zu verlassen und ab und an deine Meinung zu äußern. Natürlich solltest du immer konstruktiv reagieren.

KAPITEL 14

NEGATIVITÄT UND DEIN UMGANG DAMIT

Wir Menschen beschäftigen uns mehr mit dem negativen als mit dem positiven Dingen in unseren Leben, wenn ich zum Beispiel für mein Buch 20 positive Rezensionen erhalte und eine negative, dann beschäftige ich mich mit der einen negativen deutlich länger als mit den 20 positiven.

Die Negativität erhält unsere volle Aufmerksamkeit.

Negativität fühlt sich mies an, macht uns unglücklich und sie kann uns krank machen. Sie hält uns davor zurück unser Potential auszuleben.
Und sie verstärkt sich von selbst: Das, auf was wir uns konzentrieren, wird zu unserer Realität. Wer viel Negatives erwartet, erhält genau das.

Das alles ist Grund genug, die Negativität in deinem Leben zu reduzieren.

Umgibst du dich mit Lästerern, wirst du selbst lästern. Begeben sich deine Freunde in eine Opferrolle, wirst du bald selbst zum Opfer.
Die Menschen um dich herum beeinflussen deine eigene Mentalität stärker als dir bewusst ist.

Dich mit inspirierenden Menschen zu umgeben ist daher ein wichtiger Schritt weg von der Negativität.

Dies sind Freunde, die eine positive Einstellung zum Leben haben. Das färbt sich auf dich ab und sie machen es dir leichter, selbst positiv zu sein.

Es gibt immer etwas zu meckern: über das Wetter, den Verkehr, den Job, den Chef, die Politiker. Das Problem beim Meckern ist: Es bringt nichts Positives und verschlechtert unsere Laune.

Meckern ist eine Gewohnheit und Gewohnheiten lassen sich ändern. Dafür musst du dir erstmal bewusstwerden, ob du dich überhaupt häufig beschwerst. (Tagebuch)

Wenn du dir bewusst machst, dass du gerade meckerst, kannst du dich Fragen wie sinnvoll das ist. Solange du an der Situation nichts ändern kannst, ist Meckern sinnlos.

Übe dich stattdessen lieber in Empathie für die Mitmenschen, mit denen du gerade unzufrieden bist. Wahrscheinlich tun sie auch nur ihr Bestes, gut durchs Leben zu kommen, siehe das Thema Perspektivenwechsel.

Wir neigen dazu, uns mit anderen Menschen zu vergleichen. Wir vergleichen Jobs, Einkommen, Autos, Attraktivität, Beziehungen, Intelligenz, Mut und noch vieles mehr.

Vergleiche geben uns Orientierung in einer komplizierten Welt. Wir wollen wissen, wo wir stehen im Gegensatz zu anderen.

Es gibt immer jemanden, der mehr Geld oder Grips hat und attraktiver oder mutiger ist.

Du siehst immer nur diesen einen Aspekt und fühlst dich minderwertig. Aber ein Mensch besteht aus mehr als nur einer Facette. Wenn du dich vergleichst, dann tue dieses mit allen Facetten.

Aber noch besser wäre es, dich nur auf dich selbst zu konzentrieren. Denn Selbstwertgefühl kommt nur aus uns selbst.
Und das ist auch schon der nächste Schritt.
Negativität kommt von einem schwachen Selbstwertgefühl. Wer sich selbst nicht für kompetent hält, ein glückliches Leben zu führen, der neigt stärker zu negativen Gefühlen.

Ein geringer Selbstwert lädt zu Gefühlen wie Neid, Hass, Angst, Sorge, Minderwertigkeit oder Hilflosigkeit ein.

Das Gefühl von Selbstwert kannst du dir nur selbst geben.
Der Weg dorthin führt über Selbstakzeptanz, Ehrlichkeit, Eigenverantwortung, Leidenschaften und einen gesunden Lifestyle.

Reibst du dich manchmal an Dingen auf, die du nicht ändern kannst? Vielleicht ist es das Wetter. Vielleicht ist es aber auch etwas Größeres, das nicht in deiner Hand liegt.

Versuche, dich das nächste Mal bei solchen Gedanken zu ertappen.
Und wenn du dich sorgst, weil du nicht weißt was auf dich zukommt, überlege dir, was der schlimmste Fall sein könnte. Wenn alles schiefläuft, was wäre das schlimmste zu erwartendem Ergebnis? Siehe Kapitel 12.

Probleme wirken dann besonders groß, wenn wir sie wachsen lassen. Wenn du heute mit dir oder deinem Leben unzufrieden bist, wird es durch Inaktivität nur noch schlimmer.

Ein aufreibender Job führt irgendwann zum Burnout. Ein kleines Bäuchlein wird zum Übergewicht.

Dieser negativen Spirale entkommst du nur, wenn du Verantwortung für deine Probleme übernimmst. Befreie dich und sage Nein zu dieser Entwicklung. Nein zum aufreibenden Job, Nein zum Übergewicht.

Verantwortung ist einer der wichtigsten Schritte weg von der Negativität. Siehe hier auch das Kapitel ‚übernehme Verantwortung'.

KAPITEL 15

DIE "KLASSISCHEN" BEREICHE DES WACHSTUMS:

In der Persönlichkeitsentwicklung bzw. beim
Persönlichen Wachstum gibt es viele verschiedene Bereiche. Im folgenden Liste ich dir einige der klassischen Bereiche auf:

– Selbstbewusstsein aufbauen
– Innere Ängste bändigen
– Zufriedenheit aufbauen
– Ziele richtig setzen & erreichen
– Dankbarkeit aufbauen
– Vergangenes loslassen lernen
– Dinge akzeptieren lernen
– Emotionen kontrollieren lernen
– Effektiver/offener kommunizieren lernen
– Gewohnheiten aufbauen/brechen
– Neue Fähigkeiten aneignen

– Neues Wissen aneignen

Wenn wir uns diese genauer anschauen, können wir daraus schlussfolgern, dass wir so einige Themen hier in diesem Buch abgeklappert haben.

Viele dieser Bereiche fördern dein Wachstum und selbst wenn du nur einzelne Bereiche beachtest und täglich an nur wenige Dinge denkst die hier in den einzelnen Kapiteln beschrieben sind, wirst du täglich wachsen.

Du wirst heute vielleicht nicht sagen das du ein anderer Mensch als gestern bist aber du wirst in einem halben Jahr schon sagen können, dass du dich in vielen Bereichen verändert hast.

Mit einer Persönlichkeitsentwicklung wirst du wie im ersten Kapitel beschrieben nicht reich und dein

Leben wird auch nicht ‚perfekt'
werden.

Allerdings kannst du mit einer
Entwicklung sehr viel mehr erreichen.

Alleine mit einem Selbstbewusstsein
wird dein Auftreten ein anderes sein,
durch deine gebändigten Ängste wirst
du ganz anders den Alltag durchleben
können und durch deine gesetzten
Ziele hast du immer eine neue Mission
die du mit einer dazugehörigen
Belohnung erreichen möchtest.

Du setzt dir also selber den Sinn deines
Lebens.

Durch deine neuen Gewohnheiten
lernst du dich selbst besser kennen
und kannst schlussfolgernd deine
Emotionen kontrollieren und neue
Fähigkeiten erlernen.

Dies alles führt dazu das du deine
Entwicklung förderst und somit

zufriedener und glücklicher durchs Leben gehen kannst.

Dies führt zu einem Kreislauf, denn bist du glücklich, selbstbewusst und zufrieden, zeigst du stärken in deinem beruflichen Leben oder entwickelst dein berufliches Leben nochmal komplett neu und fängst einen Job an, der dir noch mehr Freude im Alltag bereitet.

Negative Ereignisse lässt du nicht an dich heran, was bedeutet, dass du folglich glücklicher bist.

Schwächen wandelst du in Stärken um und baust diese aus, was bedeutet, dass du weniger Fehler machst. Solltest du dennoch Fehler machen kannst du mit diesen umgehen und lernst aus diesen damit du noch stärker wirst.

Das aller wichtigste Kapitel, welches gleich zu guter letzt kommt, darfst du nicht vergessen, denn das ist der Hauptbestandteil eines erfolgreichen persönlichen Wachstums.

KAPITEL 16

HÖRE NIEMALS AUF

Wir Menschen lernen unser Leben lang.

Deine Persönlichkeitsentwicklung ist ein fortlaufender Prozess, der niemals ganz abgeschlossen sein wird.

Mach dir klar, dass du nicht perfekt sein musst, aber jeden Tag ein bisschen besser werden kannst.

In jeder neues Lebensphase stößt du auf neue Herausforderungen und jede einzelne von ihnen bietet das Potential, dich weiterzuentwickeln und mehr zu dir selbst zu finden.

Das ist der Grund, warum ich nicht aufgehört habe an meiner Persönlichkeit zu arbeiten jeden Tag an mir arbeiten kann und dadurch täglich besser werde und warum ich alles schriftlich festgehalten habe.

Ich hoffe, dass du mit diesem Buch genauso wachsen kannst wie viele andere Menschen es bereits vor dir geschafft haben.
Das du glücklicher wirst, selbstbewusster und alles verwirklichen kannst, was du dir vorstellst für dein Leben.

Mein letzter Tipp den ich dir mitgeben möchte:

Sei jeden Tag dein bestes Ich!

NOTIZEN

Bibliografische Information der Deutschen Nationalbibliothek: Die Deutsche Nationalbibliothek verzeichnet diese Publikation in der Deutschen Nationalbibliografie; detaillierte bibliografische Daten sind im Internet über <u>dnb.dnb.de</u> abrufbar.

ISBN: *9783755779742*